AF236815

Rolf Friedrich Schuett

Soziologen, Psychologen und Ästheten

Seele, Gefühle, Gesellschaft, Kunst

Rolf Friedrich Schuett

Soziologen, Psychologen und Ästheten

Seele, Gefühle, Gesellschaft, Kunst

BoD - Books on Demand

Bibliographische Information Der Deutschen Bibliothek:
Die Deutsche Bibliothek verzeichnet diese Publikation
in der Deutschen Nationalbibliographie; detaillierte
bibliographische Daten sind im Internet abrufbar über
http://dnb.ddb.de

Erste Auflage

Herstellung und Verlag :
BoD – Books on Demand, Norderstedt

Printed in Germany

ISBN 978-3-7534-2350-0

INHALT

Das Staunen über den weiten Sternenhimmel,
der nicht herabsieht, ist ein Staunen über die
enge Menschenhölle, die nicht hinaufschaut.

Für Elke

Gesellschaft, Gemeinschaft, Masse, sozial

Gesellschaftlicher Fortschritt ist nur die Erklärung
der Übermenschenrechte.

Selbst in Gesellschaft sein darf man heute nicht
mehr allein, und sogar einsam sein darf jeder nur
noch gemeinsam.

Gesellschaft heißt : Jeder tut so, als spielte er nur,
seine Rolle zu spielen.

Wer die Gesellschaft hasst oder fürchtet,
sollte nicht ledig oder kinderlos bleiben.

Die Gesellschaft macht den Menschen zu dem, der
sie so macht, wie sie ist. Oder macht er sie so, dass
sie ihn zu dem macht, was er von Natur aus ist?

Besser bösartig allein als in guter Gesellschaft,
und wer sich zurückziehen will,
muss meist gar nicht viel ziehen.

Außenseiter sehen die Gesellschaft
eben nur von innen.

Die Gesellschaft schützt sich vor jedem Einzelnen
durch seine Rüstung.

Gesellschaft ist eine Gemeinschaft
mit beschränkter Blut- und Bodenhaftung.

Die Welt, in der wir leben,
wird die Utopie für jene sein,
die in utopischen Gesellschaften leben müssen.

„Der Mensch ist ein gesellschaftliches Wesen",
sagen die Herdentiere.

Die und der Einsamkeit liegt an der Gesellschaft.

Der Einzelne denkt allgemeingültig und in Gemeinschaft wie ein Idiot. Heute liegt alles an der Gesellschaft — wie Frischlinge an der Muttersau.

Die Natur verbirgt vor uns viel weniger
'Dinge an sich' als die Gesellschaft.

Wer auf ihren unfeinen Hintergründen besteht,
ist oft nur für die feineren Gesellschaftsspiele
zu ungeschickt.

Wer nicht die Gesellschaft einer Geliebten sucht,
muss die Gesellschaft lieben.

Die Weltgesellschaft ist kein Azubi
auf dem Weg zur Weltmeisterschaft.

Gesellschaft heißt : Leute müssen einander ertragen,
die es mit sich allein nicht aushalten.

Du bist von der Gesellschaft ja vielleicht
irgendwo unabhängig. Aber wie steht es
mit deiner Unabhängigkeit selbst?

Der wahre Dichter oder Denker entwirft nur
die Gesellschaft, in der er besser schriebe.

Allgemeine Gleichheit ist gleiches Recht aller auf
ihre Ungleichheit, aber mancher unterscheidet sich
vom anderen nur dadurch, dass er neben ihm steht.

Um die Gesellschaft fliehen zu wollen,
muss man kein sterbender Dickhäuter sein.

Wer der Gesellschaft schaden möchte,
sollte weniger für sich selbst tun.

Geschichte und Gesellschaft wurden das
Schicksal, vor dem sie bewahren wollten.

Die APO von 1968 machte in der BRD
die Gesellschaft erst gesellschaftsfähig.

Der wahre Außenseiter macht weder mit
noch beim allgemeinen Nichtmitmachen.

Das Allgemeingültige, das für alle gelten soll,
gilt gegen jeden Einzelnen.

Kapitalismus heißt : Dein Gemeinsinn nützt dir,
dein Egoismus nützt anderen.

Eine Gemeinschaft geht selten aus dem Leim,
auf den ihr die Mitglieder gehen.

Altruismus? Egoismus der Gemeinschaft.
Egoismus? Altruismus der Gesellschaft.

Das Revolutionärste an dem gemeinen Volk ist sein
Traditionalismus, und das Reaktionäre an den Herr-
schenden war immer ihre fortschrittliche NeuGier.

Die wichtigsten Mitglieder jeder Gemeinschaft
sind die Ausgeschlossenen.

Gemeinschaft sanktioniert Gebote,
Gesellschaft macht Angebote.

Wenn alle Leute egoistische Gemeinheiten begehen,
kann man sich von der Allgemeinheit nur absetzen
durch ungemeine Selbstlosigkeit.

Der Gemeinschaftsgrad steigt mit Scheidungsraten.

Individuum und Allgemeinheit haben ihren Wert,
doch keinen füreinander.

In Gemeinschaft ist man immer unter sich – selbst.

Gesellschaft ist die Nummer Eins mit lauter Nullen,
doch gemeinsame Interessen ersetzen kein einsames
Interesse daran.

Komm in die Gemeinschaft –
geh in ihr auf und unter!

Sucht man Gemeinschaft, um ungestraft gemein
zu sein, und die Einsamkeit, um unwidersprochen
gut zu sein?

Die Allgemeinheit weiß nichts Allgemeingültiges,
das zweifelhafte Individuum i. A. auch nicht.

Ist Einsamkeit Gemeinsamkeit mit gemeinem Volk?

Handgreifliches lässt sich ohne Allgemeinbegriffe
so wenig begreifen, wie ein abstrakter Begriff durch
konkrete Bilder erfassen.

Die Massen sind Mobilisierungsmittel gegen demo-
kratische Mehrheiten, und moderne Rebellen fordern
vom Staat, von ihm gefördert zu werden.

Gemeine Worte, gemeinsame Wünsche und Werte,
doch einsame Werke.

Massen sind dümmer als Menschen
und Gemeinschaften alle gemeiner.

Gemeinsamkeit ohne Einsamkeit macht gemein.

Eine Person besteht aus mehr Massen
als eine Gesellschaft aus Individuen.

Massenkommunikationsmittel isolieren massiv,
Einsamkeit verbindet.

Was ist Individualität? —
Die wirksamste Massenvernichtungswaffe.

Menschen pflanzen sich zurück
durch geschlechtliche Vereinigung zu Massen.

Massen- und Frauenbewegung?
Ja, Massen und Frauen werden unentwegt bewegt.

Körper bilden Massen, Individuen den Geist.

Revolution sollte mehr sein als Massenmord
von Millionen an Millionären.

Egoismus ist der Individualismus der Massentiere.

Persönliche Originalität wurde zum Massenwahn.

Horden bilden sich immer origineller,
Individualisten immer massenhafter.

In der Masse geht man nicht auf wie die Sonne,
eine Blume, Rechnung oder Tür.

Massen werden veranstaltet, Individuen verunstaltet.

Massenware ist schlecht, Luxus ist gut? Nein,
Bosheit ist Massenware, Gutsein ist Luxus.

Mmmeinungsfreiheit 2000 : frei von Orient(ierung)
und frei für Massenwahn (wie Ökologismus).

Mangels Masse wird man leicht
zum Individualisten.

Gesellschaft : Individualverkehr im Massenstau.

Ein Sklave der Geliebten
wird der Gesellschaft Herr.

Familienmitglieder sind inzwischen weniger
voneinander als von der Gesellschaft abhängig.

Das Gute ist ein Verbrechen an besseren Kreisen
wie der Teufel ein Engel für schlechte Gesellschaft.

Heute wirken Gene veränderbarer
als Gesellschaften.

Freiheiten entstehen unfreiwillig,
wo Gesellschaften schlecht funktionieren.

Der Sozialist ist ein Mensch, der sich verfolgt fühlt
durch die eigenen Interessen, die jeder Mensch
im Kapitalismus verfolgen darf.

Das Universum kennt keine Universalien,
die Gesellschaft keine Individuen.

Nur das einsamste Kunstwerk heilt die Einsamkeit
in der Gesellschaft und die Masse in Einzelnen.

Die Gesellschaft entlohnt Naturtalente,
die ihr dienen, nicht Verdienste.

Mit dem Alleinsein ist man nie so allein
wie in Gesellschaft.

Gesellschaftlich kämpft man nun verbissen
für den berechtigten Desinteressenausgleich.

Die Gesellschaft ist die Keimzelle des Narzissten.

Wirft die *Wegwerfgesellschaft*
denn die Gesellschaft weg?

Die Gesellschaft macht jeden zum *selfmademan*,
der sich selbst zum Herdentier macht.

Menschenrechte sind eben solche Utopien wie die
klassenlose Gesellschaft oder das Goldene Zeitalter.

Gesellschaftlicher Erfolg glänzt
durch Geistesabwesenheit.

Dein Egoismus dient der Gesellschaft
wie deine Selbstlosigkeit dir selbst.

Von Gemeinschaften kommen Behandlungen und
Verhandlungen, vom Individuum Abhandlungen.

Im Allgemeinen stimmt fast alles,
im Einzelfall fast gar nichts.

Gemeinschaft wird meistens von wenigen
Einzelnen gebührenpflichtig veranstaltet.

Man will für das Gemeinwohl mehr wirken
als für den Willen der Mehrheit.

Wer nichts ist, geht in der Gemeinschaft auf,
die durch ihn nicht mehr wird.

Der Künstler kündigt die Gemeinschaft,
der Beifall bringt sie zurück.

Einsamkeit ist nie halbe Zweisamkeit, Gemeinsamkeit aber schon mehrfache Einsamkeit.

Fortschritt vom Egoismus zum Sozialen?
Rückschritt vom Individuum zum Kollektiv.

Sozialismus ist Vernichtung oder Selbsterzeugung
des Menschen durch Arbeit. Hauptsache,
der ewige Arbeitsfrieden wird nicht gestört.

Gegen die Sozialisten waren wir Demokraten,
ohne sie sind wir nur Kapitalisten.

Wenn Herden in Individuen zerfallen, bilden
die Individuen Familien. Wenn Familien in Sozial-
atome zerfallen, bilden die Singles nur Kollektive.

Kapitalisten machen Geld flüssig,
Sozialisten überflüssig.

Sozialamt : Wohlstandgericht.

Vom sozialistischen Paradies gab es immer nur
die Schlange vorm Obstladen.

Kapitalismus ist gemeinnütziger Egoismus,
Sozialismus war eigennützige Selbstlosigkeit
und Mehrwertsteuerung ohne Mehrwertkomplex.

Wenn ich Beamter wäre,
wäre ich auch Sozialist gewesen.

Kapitalismus und Sozialismus scheiterten
beim Versuch, das Proletariat mit der Diktatur
des Industrialismus zu versöhnen.

Ein Wissen, das sozial nutzen soll,
instrumentalisiert seine Benutzer.

Der Sozialismus 1968 war eine unverdiente
Erhebung von Bürgerkindern in den Proletenstand.

Aphorismen wollen den Geist von Sozialsystemen
sprengen und den von Sonnensystemen spiegeln.

Fernseher : Kultureller Sozialhilfeempfänger.

Sozialismus u. a. Wenn alle dagegen sind,
muss etwas dran sein, und wenn alle dafür sind,
muss etwas dran faul sein.

Sozialismus wird gebraucht,
um das Kapital zu stärken: Kehrt er jemals wieder,
dann unter kapitalistischer Maske.

Kunst ist einsame Scheinwelt,
die soziale Scheinwelt entlarvt.

Christ oder Sozialist? Am weitesten sieht,
wer am tiefsten steht.

Marx wollte Unerkennbares verändern,
bis Unveränderliches erkannt war. Ein Sozialist ist
nun, wer aus dem Antikapitalismus Kapital schlägt,
und bliebe aktuell, wenn Arbeiter sich das alles
selbst ausgedacht hätten.

Sozialismus kann mit den Produktionsmitteln
nur Staat machen.

Zwischen Sozialschichten gibt es schon
einen Lasterausgleich.

Demokratie *erklärt* (uns) die Menschenrechte
auf soziale Ungerechtigkeit.

Sozial gerecht wird technologische Arbeitslosigkeit
nur gleichverteilt.

Menschenfischer fangen uns nun mit sozialen Netzen
(auf).

Die Kosten des Kapitalismus hindern,
jene Kosten des Industrialismus zu sehen,
die er mit Sozialismus teilt.

Wer nicht aus Eigennutz sozial ist, wird es selten.

Im Sozialismus waren auch Eigenliebe
und Eigenschaften volkseigen.

Sozialismus? Gibt es nur ohne Sozialstaat.

Man bereichert sich an deinem *Sozialneid*,
und Individualisierung sollte etwas mehr sein
als *Sozialabbau*.

Unsere Industrie bekämpft die *Erderwärmung*
durch soziale Kälte.

Der Sozialismus hatte wenigstens den Sinn,
seinen Gegnern den Sozialstaat aufzuzwingen.

Ich war für Sozialismus, weil er verlieren musste.
Hätte er gewonnen, wäre ich Kapitalist geworden.

Popmusik, PKW und Fußball – unheilige Dreieinig-
keit, die keine Blasphemie duldet. Nur noch deren
Verbote führen im Westen zu Sozialrevolutionen.

Auch Demokratie *erklärt* die Menschenrechte
auf soziale Ungerechtigkeit.

Kein Kapital hat so viele Sozialisten vernichtet
wie der Sozialismus.

Kulturkapital und Geistesarbeit. Dichten
und Denken schaffen oft rigidere Klassen-
gesellschaften als Kapital und Arbeit.

Gesellschaft : Vereinzelte suchen Verein-Zelte.

Der beste Umweltschützer ist der Konsummuffel,
also Antikapitalist plus Antisozialist.

Sozialphysik : Die da oben kennen keine,
die hier unten nur Schwerkraft.

Asoziales sucht ein geistiges System,
ein Sozialsystem aber geistige Fragmentierung.

Das Individuum wäre vielleicht unsterblich,
wenn Gattung und Gesellschaft ausstürben.

In Gesellschaft bist du dir selbst der Fernste,
im stillen Kämmerlein ist dir jeder der Nächste.

Die menschliche Gesellschaft ist einfach
ein verdammter Mensch über dem andern.

Poptimum. Der moderne Selbst(t)optimierer nutzt
alle gesellschaftlichen Optionen außer
der optimalen, sie ungenutzt zu lassen.

Was man gemeinschaftlich erlebt,
ist meist nur die Gemeinschaft selbst.

Bestseller : Gemeinplatz an der Sonne.

Wir bankrotten uns zur Gemeinschaft zusammen.

Gemeinschaft wirkt durchschnittlich,
Individualität neoliberal, Kosmopolitismus
globalisiert, pluralistische Freiheit verteilungs-
ungerecht, Gleichheit überreguliert
und maßvolle Mitte mittelmäßig.

Wer Moral mehr missachtet als Gemeinschaft,
wirkt heute moralischer.

Dass Gattung die Gatten überlebt und die Allgemeinheit den Einzelnen, macht sie gemein.

Produktionsbetriebe : Massenarbeitstierhaltung.

In Demokratien brauchen Starke nur Clans
für ihren Egoismus, Schwache aber Massendemos
gegen ihre Individualität.

Mancher ist gern der einzige Massenmensch
unter lauter Individualisten.

Die Masse vermasselt jeden Einzelnen einzeln.

Privatkapitalismus erzeugt eine klassenlose
Gesellschaft von Armseligen, die Geld haben,
und geistrcichen Plutokraten, die keins haben.

Klassenkampf heißt, dass Straßenkehrer,
die saubere Wege hinterlassen, besser verdienen
wollen als Schullehrer, die schlechte Schüler
hinterlassen.

Technik machte Luxusgüter zu Massenartikeln, aber
moderne Kunst und Kirchen waren von Anfang an
Massenware, die Eliten zu ihrem Luxusgut machten.

China vereinsamt jeden, den es kollektiviert,
Europa vergesellschaftet alle, die es atomisiert.

Moderne Kommunikation ist der ununterbrechbare
Monolog des Kollektivs.

Wird das Individuum von der Allgemeinheit ab-
geschliffen oder der Zeitgeisttyp mit individuellen
Accessoires ausstaffiert oder beides?

Die Gemeinschaft der Gesellschaft macht mit
der Allgemeinheit, was die Natur mit der Gattung
treibt – das Individuum zu verbrauchen.

Allgemeine Popkultur züchtet überall
ein gemeines Volk.

Der Bürger träumt von Gemeinschaft, die das
Volk immer hatte. Der Arbeiter träumt nie von
Individualität, die der Bürger nur noch simuliert.

Die Gesellschaft zerfällt in Individuen, aus denen
sie nie bestand, und das Individuum vergeht
in Gemeinschaften, aus denen es nie entsteht.

Gemeinschaft wird zusammengehalten
durch Sprengsätze und aufgelöst durch Banden.

Vernunft : kleinster gemeinsamer Nenner
zwischen verfeindeten Arten von Verrückten.

Der Aphorismus ist oder hat verspielt.
Macht der einsame Einfall gesellig
oder allgemeingültig gegen die Allgemeinheit?

Und schon wieder einmal hat ein neues Vor-
und Querdenken überall gemeinplatzgegriffen.

Seit einem halben Jahrtausend nur noch produktives
Arbeitsleben und reproduktives Familienleben –
ohne Höheres : ohne asketisches Ordensleben,
feudales Heldenleben, öffentliches Gemeindeleben
und theoretisches Gelehrtenleben.

Du kannst wählen : Gemeinsam mittelmäßig
oder einsam maßlos.

Aphoristik heißt: Die Verallgemeinerung,
dass jede voreilig ist, ist voreilig.

Gegen allgemeine Menschenrechte spricht,
dass gemeine Privilegierte richtig dafür sind.

Einst war die Einheit mit dem All erotisch, nun will
gemeiner Sex Verschmelzung mit AllGemeinheit.

Lockes gemeiner Wille aller verhält sich zu
Rousseaus Allgemeinwillen wie die Französische
zur Russischen Revolution.

Lieber Einsamkeit durch *Adorno* als Gemeinschaft
durch *Madonna*.

Individualist wird heute,
wer allgemeine Individualitätsmuster kopiert.

Einsamkeit kann richtiges Selbstbewusstsein,
Gemeinsamkeit muss falsches Standesbewusstsein
haben.

Ich werde mich gegen gesellschaftliche Missstände nicht engagieren. Mehr kann ich gegen
gesellschaftliche Missstände wirklich nicht tun.

Utopisch mutet eine Gesellschaft an, in der man
keinen Mut braucht, um nicht zum Feigling
oder Geisteshelden zu werden.

Gesellschaft heißt : Wenn ich dich besiege,
der einen Dritten besiegt hat, kann ich noch
von ihm besiegt werden.

Man ist gesellig, weil man ohne Knechte
nicht leben kann, und asozial, weil man mit Herren
nicht leben will.

Demokratie ist ein Versuch, freie und
ungebundene Leute gesellschaftlich zu verbinden
und voneinander gefesselte Leute zu trennen.

Aufgeschlossene Menschen treffen sich
in geschlossener Gesellschaft.

Gesellschaftlichen Projekte heute schänden
weniger Ökobiotope als heilige Stätten.

Der Druck der *repressiven Gesellschaft*
brachte mich in Form, Lust und Laune lösen
mich in selbstverwirklichte Luft auf.

Dass politische Ökonomie unser gesellschaftliches
Schicksal sei, gehört zum ideologischen Überbau
der Epoche.

Mancher sucht die Religion, da ihm ein
einziger Gott mehr Bedeutung und Beachtung
schenkt als die ganze Gesellschaft.

Die Gesellschaft vereint die Schwächen der Starken
und die Stärken der Schwachen, die sich zu keinen
Berufen berufen fühlen.

Vernunft löst unvernünftige Rätsel,
die Gesellschaft asoziale Probleme.

Eine Gesellschaft erzeugt heute Wachstum
oder Erwachsene.

Was die Gesellschaft von einem Individuum will,
kann es ihr nicht geben, ohne sich aufzugeben,
aber was es ihr geben kann, will sie nicht haben.

Gesellschaft ist etwas, in dem bestenfalls
außer nützlichen und praktischen Handlungen
gar nichts passiert.

Gesellschaft macht Einsamkeit
zum Obdachschaden.

Die Gesellschaft wird zusammengehalten
durch unsere Schwächen (für Schwächen anderer)
wie gefährdet durch unsere Stärken.

Unsere Gesellschaften fürchten Auf- und Widerstände, aber nicht der klugen Minderbemittelten,
sondern derer, die das bleiben wollen.

In Gesellschaft muss man sich gehen lassen,
ohne gehen zu dürfen.

Jeder hat immer nur das Wort,
das die Gesellschaft ihm gibt.

Eine Gesellschaft toleriert alle Kulturen,
wenn sie selbst keine mehr hat.

Gesellschaft heißt : Das schwache Argument
des Starken schlägt das stärkere Argument
des Schwächeren.

Schützt unsere Gesellschaft das Menschenrecht,
dass sie ihm gleichgültig bleibt?

Jeder ist so frei, sich zum Produkt der Gesellschaft
zu machen, doch wer nur in Ruhe nachdenkt,
begeht schon Irrenhausfriedensbruch.

Gesellschaft ist Leidenschaft für Herrschaft
einer Mannschaft durch Seilschaft, Machenschaft
und Wissenschaft.

Die Gesellschaft besteht nicht auf Individuen,
aber aus Staatsbürgern, weil jeder Bürger ganz
aus Gesellschaft.

Die Religion wollte alle Gesellschaften,
unsere Gesellschaft will alle Religionen vereinen,
als wären sie ein und dieselbe.

Leben war mal Übergang von Mutter Natur
zu Mutter Kirche und ist nun ein Wechsel von
Abrahams Schoß zum Schoß der Gesellschaft.

Wieviel überflüssigen Mist muss man in der
Überflussgesellschaft kaufen, um seinen verhassten
Job nicht zu verlieren?

Ein Mensch verlässt den Schoß seiner Mutter,
bevor er als fertiges Tier geboren würde,
und sollte den Schoß der Gesellschaft verlassen,
bevor er ein fertiges Arbeitstier (Lastesel und
Zustimmvieh) geworden ist.

Die Kultur lässt auch die überleben, die von Natur
aus untergehen würden, aber rettet Mutter Natur
umgekehrt die gesellschaftlich Ausgeschlossenen?

Gesellschaft ist die Frage, ob Penner vor Bankern
oder Banker auf Penner affig wirken.

Systematische Gesellschaftstheorien spiegeln
soziale Zwangssysteme.

Fa. Blödel & Trödel. Die Gesellschaft, in der man
die Wahrheit nicht nur am Galgen sagen kann,
muss noch nicht das einzig Wahre sein.

Als Genie gilt, wer einer Gesellschaft unterlegen ist,
der er von Natur aus überlegen ist.

In guter Gesellschaft findet sich jeder zurecht
oder zu Recht.

Geht die Gesellschaft aus dem Leim, auf den
sie dem selbstverwirklichten Ellenbogen geht,
oder gehst du der Gesellschaft auf den Leim,
aus dem sie - auch in dir - geht?

Das 21. Jh. will die Probleme genetisch lösen,
die technische Lösungen des 20. Jhs. aufwarfen für
soziale Probleme des 19. Jhs., als die Lösung meta-
physischer Probleme moralische Probleme bereitete.

Enteignung ist die *Sozialbindung* des Eigentums,
Ausbeutung ist die *Sozialbindung* der Lohnarbeit.

Soziale Marktwirtschaft heißt :
Lieber ein Automatenbediener am Band
als ein Kammerdiener am Hofe.

Sozialimperativ : Sei so gut und gönn dir nicht
mehr, als von allen Gütern *jedermann* beanspruchen
dürfte – selbst die Nachkommen.

Eskapismus. Soziale Probleme behandelt vor allem
jener, der keine hat.

Sozialismus mit einem Schuss Kapitalismus macht
Diktatur erst rentabel; Kapitalismus mit einem
Schuss Sozialismus macht Demokratie unrentabel.

Wer sozialpolitisch nichts zu sagen hatte,
nannte sich *kosmopolitisch.*

Die sozialen „Apparate" beherrschen uns :
Sie geben mir beliebte technische Apparate,
um mich beliebige Dinge beherrschen zu lassen.

Die Marktwirtschaft heißt sozial, wenn sie
den Ärmsten gibt, was sie den Armen nimmt.

Erst stellten Deutsche die Kultur über Politik,
dann Sozialstaat über Rechtsstaat.

Sozialismus ist nicht gut genug für mich,
und ich bin nicht gut genug für Kapitalismus.

Sozialgerecht : Wer weniger Geld (ver)braucht,
muss mehr rackern.

Seit dem Ende des Christentums ist es schwerer
und seit dem Ende des Sozialismus leichter
geworden, arm und schwach zu sein.

Obrigkeitsdenken hat sich modernisiert
zum Sozialstaatspatriotismus.

Gerechtigkeit herrschte, wo die natürlichen
Unterschiede der Menschen ihre sozialen Unterschiede ausgleichen würden.

Der Mittelstand gehorcht dem Befehl zu befehlen.

Industrie- und Sozialarbeit vermehren
die Bedürftigen schneller, als ihnen zu helfen.

Solange dir jeder die Wahrheit sagt,
gehörst du noch zur Unterschicht.

Die Kluft zur Unterschicht wurde bisher überbrückt
durch Jeans-Kluft und Mülldeutsch.

Utopien: Fabriken werden Fitnesscenter
für die Mitte, Bibliotheken aber Wellnesscenter
für Unterschichten.

Zeit ist sozial. Oberschicht denkt stets an gestern,
Unterschicht an heute und Mittelschicht an morgen.

In Künsten sucht die Unterschicht Lustspiele
und die Oberschicht Tragödien.

Ohne Unterschied zur Unterschicht
kann der Unterdrücker nicht von ihr leben.

Die Unterschicht braucht Hochkultur,
nicht Ausstieg und Aufstieg.

Die *Popkultur* ist gar nicht vom Volk geschaffen,
sondern für die Unterschicht produziert,
um sie unten und bei Laune zu halten.

Fabrikarbeiterlungen sind die besten Schadstofffilter
für Mittelstandslungen.

Hochkultur ist ihnen zu hoch :
Intellektuelle lieben Popkultur,
die infantile Volksverblödungsindustrie
des medialen Mittelstands.
Nur das Volk ist nie vulgär.

Als die Unterschicht aufsteigen konnte,
gab es nichts Sinnvolles mehr wohin.

Die Unterschicht gilt oft als Unterwelt,
verurteilt auf Bewährung.

Die Unterschicht sucht keine Tiefe,
der niedrigste Drang nach Höherem
sucht Aufstiegschancen
und ist oberflächlicher Drang nach Tiefsinn.

Psychologie und Seele und Gefühle

Wer träumt, greift Freund und Feind
im Schutze der Dunkelheit an.

Wer Gott fühlen will, vergötzt die Gefühle,
und wer das Denken verteufelt,
will nur nicht an die Hölle denken.

Gefühle sind die häufigste Form der Flucht
vor Handlungen und Gedanken.

Wir leugnen die Erbsünde, obwohl doch nur sie
verständlich macht, warum Leute, die nie vom
Baum der Erkenntnis gegessen haben können,
sich aus dem Paradies vertrieben fühlen.

Das Gefühl treibt Frauen zu Kalkulationen
und das Geschäft die Männer zur Sentimentalität.

Nur die mit keinem Talent Begabten fühlen sich
wie geboren zum Leben.

Einst waren Gedanken von Gefühlen abhängig,
heute nur noch Gefühllosigkeit, die sich für
Nachdenklichkeit ausgibt, von Gedankenlosigkeit,
die sich für Gefühlsleben hält.

Hemmungslos fühlte mein Psychologe mich
in sich ein und entwickelte keinen Widerstand,
meinen zu brechen und seine Gefühllosigkeit
auf mich zu übertragen.

Das Gewissen ist der starke Reiz, allen Reizen zu
widerstehen. Es macht, dass ich mich schlecht fühle,
wenn ich mich gut fühle, und es mir nur gut tut,
wenn es mir schlechtgeht.

Sicher herrscht jetzt der Kultus der Gefühle nur,
damit Gedanken wieder einen sündhaften Genuss
bereiten.

Früher fühlten wir uns schuldiger,
heute unschuldiger. Immer ohne jeden Grund.

Wenn ich dir wehtun will, ärgere ich dich,
bis du mich schlägst. Deine Schuldgefühle
werden meine Schmerzgefühle übertreffen.

Wer fühlt sich mehr wert,
wenn er sich als künftige Antiquität sieht?

Wo einer nicht herrschen kann,
fühlt er sich auch schon verfolgt.

Auch Irrationalisten denken,
aber viel zu hoch von ihren tiefen Gefühlen.

Taktgefühl ist die Taktik,
mich übers Ohr zu hauen,
ohne mir zu nahe zu treten.

Einst wollten Ärzte von psychosomatischen Leiden
nichts wissen. Heute reden sie schon von seelischen
Ursachen, wenn sie die körperlichen nicht finden.

Ist es nicht etwas leichter,
sich vor seinem Gewissen schuldig
als vor seinem Ideal minderwertig zu fühlen?

Stoizismus ist die Empfehlung,
Schmerzunempfindlichkeit
durch Genussunfähigkeit zu erkaufen.

Warum gibt es Stimmungen und Gefühle,
aber keine Verstände und Vernünfte?

Die Seele ist ein Wunschtraum von Holzköpfen
und der Körper eine Erfindung der Geistreichen.

„Der Geist, der stets verneint", ist der Körper,
der stets bejaht, und der liebe Gott fragt uns
bis zum Tode die Seele aus dem Leibe.

Die moderne Psychiatrie besteht darin,
dass uns wohl nur Neurosen vor den Psychosen
und nur Psychosen vor stinknormaler Gesundheit
bewahren können.

Psychotherapeuten leihen uns ihr Ohr
zu Wucherpreisen, um uns zu dem zu überreden,
was wir sowieso wollen.

Definition der Psychoanalyse:
homo est animal rationalisans.

Im Psycho-Zeitalter träumt niemand mehr davon,
der Traum seines Geliebten zu sein,
sondern sein Traumdeuter.

Pfarrern beichten wir freiwillige Laster,
Psychologen unfreiwillige Tugenden.

Für Psychotiker ist eine Neurose die Gesundheit,
für Neurotiker die Gesundheit eine Psychose,
und ohne Weiber geht auch die Psy-Chose nicht.

Ob Psychiater überflüssig sind, hängt davon ab, ob
Menschen ihren Realismus für eine Depression halten oder ihre Lebensfreude für eine manische Phase.

Mord war immer die wirksamste Psychotherapie
gegen Selbstmord. Und umgekehrt.

Freud ist der Erfinder des Unbewussten, ohne dessen
Wissen nichts geschieht? Ich habe im Unterbewusst-
sein nicht diese Sauereien der Psychotherapeuten :
Ich liebe Mutter Natur, und Gottvater ist für mich
schon lange gestorben.

Psychologen verstehen sich, ohne die Welt
zu verstehen; Physiker verstehen die Welt,
weil sie nichts von sich verstehen.

Nichts platter als nur zwei Seelen in der Brust.

Psychologie ist ein Versuch,
die menschliche Seele zu umgehen.

Psychologen analysieren uns die unsterbliche Seele
aus dem fitten Leib.

Psychologen sind sehr kreativ darin, Leute nicht
zu verstehen, die sich in Meisterwerken und nicht
nur in Kleisterworten ausdrücken können.

Wer keine Unvernunft annimmt, keine Visionen hat
und keine Stimmen hört, gehört zum Psychiater.

Psychologen, die Moralisten nicht überflüssig
machen, sind überflüssig.

Psychiatrie ist das,
was immer hinter Paranoikern her ist.

Tiefenpsychologie ist kein Umweg vom Kranken-
bett über Freuds Sofa ins Himmel- und Lotterbett.

Ein Esel, der sich für ein Kamel hält,
gewinnt wenig durch Psychotherapie.

Psychoanalyse ist Passion für fremde Passionen,
soweit sie (die Zensur) nicht passieren, und nicht
die Wissenschaft von Sigmund Freuds Seele.

Psychologische Entschlüsse verschließen sich gern
logischen Schlüssen, und umgekehrt.

Gesellschaft besteht aus Soziopathen,
der Psychopath aus Kollektiven.

Der Leib ist in der Welt, die Welt ist in der Seele,
aber die Seele im Leibe.

Der Materialist himmelt die Erd(oberfläch)e an
wie Satan die Seelen.

Heute bin ich Luftikus, morgen Langweiler, heute
ein Ritter, morgen ein Räuber, heute Lügenbold,
morgen Wahrsager : Es gibt Seelenwanderung.

Die Seele ist unsterblich, wo sie leibhaftig Geist hat
und ewig gültige Logik versteht.

Der Leib spielt das Skelett einer Seele.

Feste in Festungen feiern. Der Leib kann nicht so,
wie die Seele will, der Geist kann nicht so, wie der
Körper will : Was ist komischer?

Einst hielt man sich den Leib vom Leib,
heute Seele, Geist und Gott.

Heimat? Seelischer Überbau des Wohn- oder Ge-
burtsortes: als Welt zu klein, als Weltbild zu groß.

Ein Untertan überschätzt sich oft dadurch,
dass er sich unterschätzt fühlt.

Der Gedanke, dass Gedanken aus Gefühlen
stammen, stammt wohl selbst aus Gefühlen.

Modern wirkt, wer sich durch feste Ziele
nur aufgehalten fühlt.

Ich fühle mich jedes Mal angegriffen
von meinen Angriffen auf andere.

Leichter verzeiht, wer sich selber schuldig fühlt.

Sag nicht, was du fühlst. Sag mir was,
dann fühlst du was.

Roboter und Computer haben bis jetzt
so wenige Gedanken und Gefühle
wie ihre Erfinder und Benutzer.

Tu was du willst; fühl was du musst;
denk was du darfst.

Ändere mein Gefühl für dich,
und du änderst meine Gedanken über deine!

Selbständig und unabhängig fühlen sich
nur noch Orientierungslose.

Religion befreite uns vom Glauben, frei zu sein,
wenn wir uns frei fühlen. Die Hirnforschung
hinkt hinterher.

Man sucht und verfehlt heute hohe Gefühle
und niedere Gelüste zugleich.

Kann man sich in Empathieunfähige einfühlen?

Ein tiefer Gedanke, der uns zu hoch ist,
ist mehr und anderes als ein tiefes Gefühl,
das er zuweilen verbirgt.

Fühlst du dich fremdbestimmt
durch meine Selbstbestimmung?

Einst versinnbildlichte Kunst noch gute Ideen,
heute nur Bauchgefühle.

Wer in Gedanken verloren ist,
muss sich nicht in Gefühlen wiederfinden.

Man zeigt wieder Gefühle.
Man verbirgt seine Gefühllosigkeit.

Durch Religion wollen sich die Guten besser
machen, die Schlechten nur besser fühlen.

Nichtlineares Chaos ist primitiv,
einfaches Gefühl *neuronal überkomplex.*

Um ein besserer Mensch zu sein, genügt es kaum,
sich schlecht zu fühlen.

Wer sich auf Erden fremd fühlt,
fiel deshalb noch nicht vom Himmel.

Folgt eine Konsequenz nicht aus der andern,
fühlen wir uns schon lebendig.

Phänomen : Lässt sich ihre Existenz verstehen statt
fühlen, wenn das Wesen einer Sache angeschaut
statt begriffen wird?

Mancher fühlt sich als Individualist,
der nur alternative Kollektive wählt.

Begriffen und Gefühlen ist gemeinsam,
sie sind schreckliche Vereinfacher.

Gefühle sind das beliebteste Alibi
der Gedankenlosen – und umgekehrt.

Wer zu präzise über Gefühle sprechen kann,
redet oft zu vage über exakte Wissenschaften.

Bediene dich deiner eigenen Gefühle, doch
lass dich von deinem Verstand beherrschen.

Empathie muss sich aus anderen auch mal wieder hinausversetzen und rausfühlen können.

Kant 2000. Erstellen wir unsere Welt(bilder) auch durch transzendentale Gefühlskategorien? Wäre ein Kant der apriorischen Transzendentalgefühle zu emotional?

Psychologen stoßen bis zum Äußersten ins Innerste vor und finden dort nur Äußerlichkeiten.

Nicht alles, was gegen Widersprüche spricht, ist schon logisch, doch was für Widersprüche spricht, noch psychologisch.

Irre heilen heißt, ihre fixen Ideen
durch die des Psychiaters zu ersetzen.

Psychologie : Die Opfer analysieren ihre Peiniger zu Opfern.

Mode verkleidet alles an uns, außer Hohlköpfe.
Sie ist die herrschende Religion des Leibes,
Religion nun die bedienende Seelenmode.

Auf Freuds Couch liegen oft zugleich
mehr als zwei Seelen in einer Brust.

Entseelte und Seelenlose suchen Animateure,
Entleibte und Körperlose Korporationen.

Leib und Seele sind getrennt, seit unser Geist
nicht jedes Mal zusammen mit dem Körper
getroffen sein will.

Leib und Seele sind eins, heißt es nun.
Das stimmt, denn Geist haben beide nicht.

Oft will *sie ihn* durch ihren Körper verführen,
ihre Seele oder ihren Geist zu preisen.

Die Seele ist für den Leib oft zu geistreich
und für den Geist leibhaftig zu einverleibend.

Die Seele ist nicht der Innenarchitekt
der Gedankengebäude.

Im Materialismus wirken unsere Klamotten freier
und beseelter als wir selber im Idealismus.

Wer vom Menschen den Körper abzieht,
behält keinen Geist übrig, und wer die Seele abzieht,
keinen Leib.

Der Leib will etwas, und die Seele bringt es,
oder sucht der Geist etwas, und der Körper holt es?

Ketten klirren wie die Kälte,
Freiheit kocht wie die Volksseele.

Die Seele überlebt den Körper
wie der Blick das Auge.

Hat das Tier auch eine Seele, fühlt der Mensch
mindestens *zwei Seelen, ach, in seiner Brust*.

Einst war die Seele die Form des Leibes und
der Rohstoff des Geistes. Heute ist sie Psychologin.

Wer zu viel Seele in der Natur entdeckt,
behält davon zu wenig übrig in sich selbst.

Gefühle sind von gestern, Gedanken von morgen,
Gewalt ist immer von heute.

Aus Philosophie entstand Soziologie,
als die Einzelnen vergingen, und Psychologie,
als deren Einheit zerging.

Verleger, Psychologen und Literaturwissenschaftler
leben von seinen Träumen besser als der Dichter.

Kraus machte Witze über Freuds Analyse
seines Witzes. Freud analysierte den Witz
von Karl Kraus über Psychoanalyse.

Ist Realitätsgefühl ein Gleichgewicht
von Halluzinationen und Deshalluzinationen?

Satire : Gemeinte fühlen sich nicht betroffen,
und Betroffene waren nie gemeint.

Nicht nur Wohltäter wollen sich wohlfühlen

Um sich mir überlegen zu fühlen, genügt es,
sich zu langweilen bei dem, was mich fesselt.

Zuständig fühlen sich immer nur Unverantwortliche.

Wer nicht gehetzt und verletzt, belästigt
und behindert wird, fühlt sich schnell einsam.

Gefühle bewegen uns. Wer sich bewegt,
ist ein Automobil.

Früher gab es vielleicht zu viele unbegründete
Schuldgefühle, heute gibt es zu wenig begründete.

Du kannst *sein*, doch nicht denken, tun und fühlen,
was du willst.

Wenn Gefühllose nur hohe Gedanken
und Gedankenlose tiefe Gefühle hätten!

Frei fühlt sich, wer nicht weiß,
was er morgen tun wird.

Auch Sehnsucht nach tiefem Gefühl ist keins mehr.

Ich fühle mich wie tot.
Nun kann das ewige Leben endlich beginnen.

Man ist so frei, wie man sich gebunden weiß,
und so konditioniert, sich frei zu fühlen.

Menschen sollten ihre Erforschung so nehmen
wie Frauen den Sexualkundler : die Erregung,
die sie spüren, ist nicht messbar,
und die gemessen wird, fühlen sie nicht.

Wer stark genug ist, Mitmenschen zu überwältigen,
ist oft zu schwach, um sich von Gefühlen
und Kunstwerken überwältigen zu lassen.

Du fühlst dich frei, wo dein Hirn längst für dich
entschieden hat, sagen Hirnforscher. Oder haben
deren Hirne schon vorentschieden, sich ununter-
scheidbar von freien Entscheidungen zu fühlen?

Wer Vernunft und Verstand bevorzugt,
sollte sich fragen, ob es damit gegen das Gefühl
oder den Glauben geht.

Künstler handeln, indem sie Gedanken
und Gefühle nicht in Untaten verwirklichen,
die zu Werken anregen, sondern in Werken
verkörpern, die zu Tatenlosigkeit animieren.

Wer stößt, fühlt sich gezogen;
wer sich schieben lässt, glaubt zu ziehen.

Wen du enttäuschst, der enttäuscht dich oft
dadurch, dass er sich von dir getäuscht fühlt.

Greif nur Mächtige an, die sich durch gute Kritiker
geschmeichelt fühlen.

Wer lieber Herr auf dem letzten Stern als
Knecht im Mittelpunkt der Welt ist, soll sich
von Kopernikus gedemütigt fühlen? Wer von
einer animalischen Vitalität träumt, soll sich von
Darwin gedemütigt fühlen? Wer geschmeichelt ist
von so viel Tiefe unter seinem oberflächlichen
Wissen, soll sich von Freud gedemütigt fühlen?

Ehe 2000 : Sie fühlt seine Gedankenlosigkeit,
er denkt an ihre Gefühllosigkeit, oder umgekehrt.

Stille Wasser. Tiefe Gefühle denken nach,
tiefe Gedanken fühlen vor.

Jeder will den Nächsten so klein machen,
wie er sich vor der Welt fühlt.

Denke nur das, was du auch fühlst;
du fühlst ohnehin weniger, als du denkst.

Die einen fühlen Fernweh schon im Mutterleib,
die anderen Heimweh schon bei der Abnabelung.

Kinder fühlen sich schon so klug und Greise
noch so dumm wie (als) Halbstarke.

Stark ist, wer schwach genug wird,
sich von Gefühlen überwältigen zu lassen.

Boomen die Rauschmittel, um tiefe Sorgen
oder nur tiefe Gefühle abzuwehren?

Erhaben übers niedere Volk fühlen sich
nieder(trächtig)ste Triebe.

Ein Verfolger wähnt in seinen Opfern
gern Verfolger, die sich verfolgt fühlen.

Pornographen sind nicht glücklicher als Puritaner.
Angst, von tiefen Gefühlen überwältigt zu werden,
eint beide.

Wer allen seine Gefühle offenbart,
verbirgt oft bloße Gefühllosigkeit.

Gedanke ist Gefühl, das viele Worte verliert, dem
aber keine Worte fehlen, um aus jedem Suppen-
eintopf alle Zutaten einzeln herauszuschmecken.

Hinter dem Oxytocin im Blut steckt
ein Liebesgefühl, nicht umgekehrt.

Vor widerlichsten Vorzügen fühle ich mich
voll glänzendster Fehler.

Warum fühlst du dich getäuscht von dem,
der dich ent-täuscht?

Geist überredet, Macht überzeugt, Recht überführt.

Unrecht überfährt, und Gefühl überkommt.

Man fühlt sich frei, um seine Vorzüge
keinen Vorfahren zu verdanken,
aber allen Nachkommen weiterzugeben.

Von innen und außen: Der Mensch zerfällt in das,
wie er sich vor anderen fühlt, und das,
wie er sich für andere anfühlt.

Der Mensch fühlt sich auf Erden größer als die Erde
im All, und sein Geist setzt große Töpfe in kleinere.

Die Niederlage der Gedankenlosen besiegelt
den Sieg der Gefühllosen.

Wer sich wohlfühlt, muss kein Egoist,
und wer unwohl ist, nicht selbstlos sein.

Wer sich nicht stark genug fühlt,
gibt seine Freiheit zu Recht freiwillig auf.

Es ist das Ziel jeder Versklavung, sie unfühlbar
zu machen – Sklaven wie ihren Haltern.

Gefühle sind leichter zu lügen als zu leugnen.

Je weniger kleine Kinder, desto mehr große Gefühle
will die Liebe.

Besiegt bessere *Einfühlung* den Konkurrenten
oder den Konkurrenzkampf?

Fast jedes echte Geschmacksempfinden war ja
ursprünglich ein autoritätsgläubiges Nachbeten
von Expertenparolen.

Wer sich nie als Sklave seiner Passionen
empfindet, sieht sich auch nie als Arbeitssklave
seiner Ausbeuter.

Empfindlichkeit klagt über die ihrer Opfer.

Einst war man beseelt und begeistert,
nun ist man besoffen und bekifft.

Auch das metaphysische „Dreikörperproblem"
von Gott und der Welt und der Seele in Bewegung
war immer unberechenbar chaotisch.

Der Leib bewegt die Seele, und der Körper bewegt
den Geist wie die Fahne den Sturm.

Zerfällt die Seele mit der Welt, ist Gott der Fall.

Die Seele sollte schon in den Himmel fliegen,
bevor der Leib ins Grab fällt, nicht erst nachher.

Materialisten leugnen unsterbliche Seelen,
Idealisten aber nicht sterbliche Leiber.

Psychologie entstand, als die Seele sterblich
wurde, Philosophie blühte auf, als das Wissen die
Weisheit verdrängte, und Kunst kam von Können, als man nichts mehr von der Welt verstand.

Der Hirnforscher nimmt mir die Schuld ab
und die Freiheit, schuldig zu werden.
Der Seelenhirte nimmt mir die Sünde ab,
aber nicht die Freiheit zu sündigen.

Wer an seine unsterbliche Seele glaubt,
hält sich zu leicht für Teil des ewigen Gottes.

Man sucht nun mit Inbrunst in Sex und Geld,
was man mit Glück mal in Gott und der Seele fand.

Wären Leib und Seele und Geist eins,
könnten sie nicht einander stützen
und voreinander schützen.

Tiefenpsychologen stellen eine probate Termino-
logie bereit, mit der seelisch Behinderte verbergen
können, dass sie sich und uns nicht verstehen.

Der Raum hat die Größe der Körper,
die Seelen haben die Größe der Zeit.

Das Materielle, das bei *Ernst Bloch* der Prolet
in die Hand bekommt, ist nicht bares Finanzielles,
sondern beseeltes Arbeitsmaterial.

Der gewöhnliche Geist ist mit viel Körper,
der anmutige Leib mit viel Seele bekleidet.

Leben werden durch Entzündungen ausgelöscht,
der meiste Streit entzündet sich an seelischer Kälte.

Niemand hat guten Geschmack,
bei dem der Leib schlecht zu seiner Seele passt.

Die Natur, die ich erlebe, kann der Physiker nicht
erklären, und die er erklärt, ist so wenig erlebens-
wert wie ein Innenleben, das Psychologie versteht
Und berechnende Logik menschlicher Beziehungen
ist nicht Psychologie mathematischer Relationen.

Kunst und Künstler

Die Welt ist noch so schlecht, daß nur schlechte
Menschen gute Kunst und gute Menschen
nur schlechte Kunst machen.

Mit welchen Kunstgriffen bringt ein Kunstwerk
das Kunststück fertig, uns zu *erheben,* indem es
uns *überwältigt* (oder auch umhaut)?

Unterhaltungskunst ist die Kunst,
sich dabei angeregt zu unterhalten.

Demokratisiert die Kunst!
(Dann kann es niemand mehr besser als ich.)

Moderne Kunst? Unart.

Früher hatten Kunstwerke die Muse zur Mutter,
nach Freud die Mutter zur Muse.

Spiel, Sport und Kunst ist Wettkampf,
um Unerreichbarkeit zu erreichen.

Kunstinterpreten fassen wie Kinder
hinter die Spiegel.

Ein Kunstgenuss beneidet den Künstler
und genießt das Leid, die es ihn kostet.

Kinder sind eheliche Kunstwerke der Talentlosen
und Kunstwerke uneheliche Kinder der Begabten.

Ein großes Kunstwerk hat mehr Liebhaber,
als jeder von ihnen Kunstwerke liebt.

Auch Künstler sind Realisten:
Sie bleiben auf dem fliegenden Teppich.

Ob die Werke besser werden, wenn die Musen
den Künstlern nur noch Drogen eingeben?

Ein Künstler wird reaktionär, wenn er den Tod
der Schönheit als Schönheit des Todes verkauft.

Ein Künstler ist derjenige, dem die Erfüllung
seiner Wünsche zur Ersatzbefriedigung für
den gelungenen Ausdruck ihrer Frustration wird.

Der schärfste Zensor jedes Künstlers
ist sein Gedanke an andere Künstler.

Ein Künstler ist ein Mensch,
der erst nach seinem Tode sterblich wird.

Was zeigt und gibt uns ein Künstler? **Es.**

Der Künstler erfüllt seinen Kunden den Wunsch,
dass seine Wünsche unerfüllt bleiben.

Panem et Circenses?
Künstler wollen Brot für ihre Spiele.

Sex und Yoga, TV und Sport, Reisen und Basteln
— wie viele Wege es doch gibt, an Künsten und
Wissenschaften glücklich vorbeizukommen!

Feministinnen gelten als Damen ohne Unterleib,
die ihre Zauberkünstler verklagen.

Lebenskünstler verstecken gern das Fehlen
einer glänzenden Fassade hinter einem Mangel
an reichem Innenleben.

Künstlerische Inspiration versiegt nicht. Es gibt nur
die Konspiration der Muse mit der Konkurrenz.

Die Unsterblichkeit des Künstlers beginnt
mit der Verengung seiner Lorbeerkranzgefäße.

Künstler sind jene selbstlosen Egoisten, die ihren
Narzissmus zum Glück nur befriedigen können
über den Umweg, den Narzissmus ihrer Kunden
zu befriedigen.

Kaiser Nero sah sich als verhinderten Künstler.
Er wusste, was für verhinderte Herrscher
die Künstler sind.

Es ist nicht jeder gleich ein Künstler,
der sich durch Lebensversicherungen
noch nicht sicher genug vor dem Leben fühlt.

Schlaraffke? Bürger und Künstler schimpfen sich
Effekt- und Effektenhascher.

Künstler verhalten sich zu Politikern
wie Gemütsbewegungen zu Volksbewegungen.

Künstler sterben für nicht weniger als die
(vergängliche Idee ihrer) Unsterblichkeit.

Der kleine Unterschied zwischen Literatur und
Leben sollte etwas kleiner sein als der zwischen
Schweine- und Papierschnitzel(jagd).

Wer „Literatur der Arbeitswelt" schreibt,
macht nur unbezahlte Überstunden.

Literaturwissenschaftler reden über Leute,
die mit ihnen reden.

Triviale unterscheidet sich von jeder hohen
Literatur dadurch, dass die eine schlecht erzählt,
um überhaupt zu erzählen, und die andere gar nicht
(er)zählt, um nicht schlecht zu erzählen.

Die Literatur des 20. Jahrhunderts war ein Schreib-
maschinentasten nach Mit- und Unmenschen.

Moderne Romane sind oft so langweilig, weil sie
die Erwartungen des Lesers zu gut wecken und er-
füllen, seine Erwartungen ständig zu durchkreuzen.

E-Literatur ist viel unterhaltsamer und literarischer
als Unterhaltungsliteratur.

Romankonflikte werden erst gelöst
in den Kriegen des nächsten Jahrhunderts.

Conscience fiction: Die besten utopischen Romane
sind Tatsachenberichte über jüngste Vergangenheit.

Ein Dichter schickt täglich den trojanischen Pegasus
in das Lager der Musen.

Unterhaltungsmusik ist das melodische
Kettenklirren von Lebenslänglichen.

Nur Taube gehorchen. Wer Musik im Blut hat,
hat oft nur Bohnen in den Ohren.

Malen heißt, für andere in den Spiegel zu sehen.

Alle Bilder zeigen ihren Maler.
Außer Selbstporträts. Die zeigen ihre Kunden.

Wahre Kunstwerke sind *auch* Waren,
Kunstgewerbe *nur* Waren.

Es ist keine Kunst, sich ein Beefsteak zu machen,
wenn ein anderer schon die Kühe gemacht hat.

Metastasiert im Kunstwerk das Krebswachstum
innerer Gummi- und Gefängniszellen?

Was uns Träume bringt, aus denen es uns reißt,
ist Kunst.

Güter werden Kunstwerke, wo sie mehr von uns
erwarten als wir von ihnen.

Kunst, die im Leben aufgeht, geht so ein wie Leben,
das in Kunst aufgeht.

Kunst & Geschichte : Sieg mordlustiger Helden
über gesetzestreue Spießer.

Freie Kunst ist frei von Kunst.
Die Muse ist eine Domina mit Zuckerbrot.

Kunst heißt : Scheinwelt schützt Sein vor Schein.

Nur die unwirklichste Kunstform trifft noch
die unförmigste Realität.

Kunst und Wissenschaft eint das Sakrileg,
gern *über* Sakrales zu sprechen.

Kunst ist einsame Scheinwelt,
die soziale Scheinwelt entlarvt.

Kunst : Nur was man kann,
kann man lernen und üben.

Große Kunst ist so selbstverständlich simpel
wie unverständlich dunkel.

Kunst, die ihre Interpreten nicht interpretiert,
hat ihre Deutungen verdient.

Erträgst du nicht mehr das Nichts,
das du vor der Kunst bist, hast du sie verstanden.
Gute Kunst macht schlechtes Gewissen,
das Verwundete zu Bewunderern macht.

Unsterbliche Kunst erhöht Lebensqualität,
indem sie Lebensqual verewigt.

Einst versinnbildlichte Kunst noch gute
oder große Ideen, heute nur Bauchgefühle.

Künstlerische Freiheit ist gebunden
an gefesselte Kunden.

Kunstkäufer sind Ästheten,
Kunstgewerbler ihre Anästhesisten.

Arbeit ist Flucht vor oder Erholung von der Kunst
(spielende Mühsal).

Goethes „Faust" zu schreiben, war gar keine Kunst:
Bei *dem* Talent!

Anliegen? Geldleute legen gern in Kunst an,
die (es) auf sie anlegt.

Kunst ist gut, *obwohl* man sie rühmt,
und ist Kitsch, *obwohl* man sie rügt.

Kunstgehalt gestaltet die Widerstände
gegen die Gestaltung ihrer Gegenstände.

Ein Ideal weiß nicht, wie man hinkommt,
ein Kunstwerk nicht, wozu es gut sein soll.

Ein Kunstwerk, das zweckmäßiges Werkzeug wird,
ist mittelmäßiges Zeug.

Können ist nicht wissen, sondern Nichtwissen.
Kunst tut so, als täte sie.

Kant wandte Bibel und BGB an auf Wissen,
Willen und Kunstwerk.

Um sich zu verewigen, brauchen Macht und Kunst
einander nicht mehr.

Moderne Kunst zeigt nicht Unendliches im End-
lichen, sondern Enthemmung im Beschränkten.

Logik ist die Kunst, schwere Dinge wie
luftige Ideen zu behandeln und umgekehrt.

Wer Künste und Wissenschaften ruinieren will,
gibt ihnen Gelder.

Der Künstler misst ein Ideal an seinem Werk.

Fördert die Künstler, damit sie euch belebende
Werke schenken, statt euch zu ermorden!

Der Künstler schickt den Bürger,
der ihn zum Spielplatz schickt, zur Hölle.

Die Lügen der Zeit, aufgedeckt von den Lügen
der Künstler.

Als Produzent gilt, wer mehr Künstler
als Künste beherrscht.

Zu großen und zu kleinen Künstlern
ihre (Ver-)Käuflichkeit nicht abgekauft.

Wenn Bücher vom Leser mehr Opfer fordern
als vom Autor, spricht man von Literatur
oder Wissenschaft.

Mit den Göttern verloren nicht nur Künstler
ihre Unsterblichkeit.

Wer denken kann, ist kein berühmter Denkkünstler.

Interpreten können nur auslegen,
wie sie von Künstlern reingelegt wurden.

Wer mehr Probleme liebt als löst, fragt Künstler.

Gefahr sieht der Künstler im Misserfolg
und droht ihm vom Erfolg.

Der Künstler kränkt uns, sein Biograph rächt uns.

Ist der Künstler faul, sucht er Eingebungen
und Musen.

Am schönsten ziehen die Literaten in Büchern
das Leben dem Lesen vor.

Literatur ist eine Halbwelt,
in der Namen ihre Dinge tragen.

Romanciers sind Romanhelden, und welcher Roman
ist mehr wert als die Bürgerkarriere,
die seinem Schreiben geopfert wird?

Menschen werden alljährlich zu Millionen abgetrie-
ben und Romanfiguren zu Tausenden erschaffen.

Sind Romanleser Weinleser im *Buch der Natur*?

Poesie und Philosophie haben den herrlichen Sinn
und Nutzen, dass man für Herrschaften unnütz wird.

Einst stritt die Poesie der Herzen wider die Prosa
der Welt, nun kämpft die Poesie des Kosmos
gegen die Prosa der Köpfe – immer vergeblich.

Bürger haben von Poesie nichts als ein unklares Bild
von Unklarheit.

Schönfärberei als Schönfärberei zu bezeichnen,
gilt als Schwarzmalerei.

Maler machen bis zur Scherzgrenze unsichtbar,
was sie abbilden.

Schwarzweißmalerei verschönt graue Theorien,
graue Zellen, grauen Alltag und das Feldgrau(en).

Die meisten Menschen sind eher beeindruckt von
ihrer Ähnlichkeit mit den Menschenaffen. Außer
jenen Menschen, die besser als die Affen schreiben,
malen oder komponieren können.

Die besten Bilderstürmer sind nicht fromm,
sondern Maler.

Beschreibt man die Welt, wie man Leinwand bemalt?

His master´s voice. Die Jugend tanzt nach der Pfeife
der Popmusikindustrie.

Sein Christentum hat Bachs Musik komponiert,
nicht lauter Lust an schönstem Lärm.

Polyphone Sphärenmusik. Erhebe deine Stimme,
vielleicht gehört sie zu kosmischen Opern
für Himmlische, mit viel Kontrapunkt.

Maler drücken Gedanken aus – Farbtuben.

Logik, Lyrik und Musik sind eins : sie haben
keine realen Objekte und nichts zu sagen.

Du triffst nur in das, was du zu schwarz malst!

Der Leser wird von der Welt getrennt durch Romane und vom Roman durch Kritiker und Medien.

Künstler schreiben lieber dilettantische Schiller-
Gedichte als meisterliche Simmel-Romane.

Realität erkannte man an der Form des Romans
über sie.

Jedes Leben ist ein ganzer schlechter Roman
und passt in einen guten Aphorismus.

Das Schwerste in der Kunst ist heute,
keine kurzlebigen *Jahrhundertwerke* zu schaffen.

Proletarier von morgen leben *für*
und nicht *von* Kunst und Kultur,
doch sie leben *von* und nicht *für* Fabrik-Arbeit.

Zu viel moderne Kunst ist beschränkt,
weil sie an zu wenig Schranken hochwächst.

Künstler müssen künstlich wirken, um natürlicher
zu sein als übrige Kunststoffmenschen.

Kunst : Kann eine Darstellung des Unannehmbaren
selber annehmbar angenehm sein?

Kann ein gutes Bild von dem, was zum Weinen ist,
selber guten Gewissens zum Lachen sein?

Ist es schon Kunst, gut von ihr zu leben?

Die kostbarsten Kunstwerke werden schon
wie kostenfreie Schonkost verabreicht.

Kunstformen verachten einander als Kunststoffe.

Große Kunst lässt auch Kenner nicht mehr
erkennen als : „Das kannst du nicht!"

Iss vom Baum der Erkenntnis, um aus dem *Paradies der Werktätigen* ins *Paradies der Kunstwerktätigen* vertrieben zu werden!

Lebenskunst macht Lust auf das, was man hat.

Wissenschaft und Kunst : Taktlose Eindeutigkeit und taktische Zwei- und Mehrdeutigkeit.

Kitsch für viele finanziert Kunst for the *happy few*.

Kunstvoll künstliche Verdummung hat die natürliche Intelligenz sehr schlau ersetzt.

E-Kunst lacht und weint über Leute, die U-Kunst zum Lachen und Weinen bringt.

Bürgerkunst adelte Bauer, Hirt und Arbeiter, aber nie Intellektuelle und Stubengelehrte.

KI oder k.o.? Künstliche Intelligenz ist noch so blöd, dass sie uns nur stupideste Routinejobs abnehmen und nicht mal einen dummen Spruch wie diesen gegen sie erfinden kann.

Künste und Wissenschaften bereichern den ärmsten,
ihr Fehlen verarmt den reichsten Menschen.

Charakterlose Charakterdarsteller sind Künstler.

Mittelmäßig ist im Leben gut,
in Künsten schon schlecht.

Moderne : Technische Produktion
von künstlichen Müttern.

Ein Künstler braucht das Werk,
das ihn missbraucht und verbraucht.

Am Künstler bewundert man die viele Freizeit.

Kinder spielen Erwachsene, Erwachsene spielen
Jugendliche, und Schauspieler spielen Mimen.

Die Namen der schlechtesten Regisseure
und Schauspieler sind oft doppelt so groß
ausgedruckt wie der Name des größten Autors.

Echter Charakter liegt darin, ihn zu spielen
oder den bloßen Schauspieler seiner selbst.

Kommunikation verhält sich zum Handeln
wie Schauspieler zum Helden.

Kunst und Kultur ist kein entspannter Feierabend,
sondern Schwerstarbeit von Arbeitslosen.

Kunst ist die Kunst, mit Höchstqualität
durchzufallen.

Kunst : Kühne Eroberung neuer Fluchtwege.

Kunst will uns auf andere, d. h. eigene Gedanken
bringen und bringt uns doch auf Gedanken anderer.

Kunstwerke wirken gegen unsere Künstlichkeit.

Kunst bringt die Wildnis in ein Bildnis,
Kultur dann dies Bildnis in die Wildnis.

Abstrakte Kunst ist mir zu privat, nicht zu hoch.

Hochkultur widerlegt Kultivierte, Kunst geißelt
Kenner, und Philosophie düpiert Nachdenkliche.

Kunst übersetzt die Rhetorik der Natur
in die Muttersprache der Notlüge.

Kunst entsteht, wenn missglückte Werke Glück
haben. Im Kitsch wird das Gelingen zum Missraten.

Kunst informiert durch Form darüber,
dass sie über keinen Inhalt informiert.

Roman und Drama : Kunst gleichstarker
Gegenspieler des Helden.

Mimesis. Gute Kunst ahmt die böse Welt nach.

Große Kunst ist unkultivierter als alle Welt.

Künstler verschleiern ihre Hüllen
durch nackte Körper und enthüllen
unsichtbare Leiber durch bloße Kleider.

Wahre Kunst ist so unzivilisiert wie alle Welt.

Nur unkultivierteste Kunst ist Kulturförderung.

Wer richtige Kunst macht, zeigt : Wie man´s macht,
macht man´s falsch im Leben.

Künstlerische Schönheit glänzt
durch Grau in Grauen.

Kunst bewegt durch Stillleben
und bannt durch Rasanz.

Kunst wird Kitsch – durch neue Kunst.

Nur das einsamste Kunstwerk heilt die Einsamkeit
in der Gesellschaft und Gemeinschaft.

Am beredtesten ist das Verschweigen großer Werke,
die uns nichts sagen (sollen).

Sagt Kunst dir nichts, hast du nur zu gut verstanden.

Kunst ist in der großen Welt ein holder Schein
und macht die weite Welt zum bösen Schein.

Wer nichts reinzustecken hat,
holt aus Kunst nichts raus.

Durch friedliche Schönheit erklärt Kunst
der verhassten Welt den Krieg.

Kunst, die für sich bleibt, wird harmlos.
Die für alle wirkt, macht alles mit.

Wer Kunst produziert,
rebelliert gegen Produktionsschlachten.

Die Kunst büßt durch Absonderung
ihre Mitschuld am Ganzen.

Die verrohte Welt wird durch grobe Kunst bestätigt
und durch verfeinerte Kunst verschleiert.

Kunst spottet sinnlicher Lust wie verständlichem
Sinn dem Spiel und Sport, dem Schmuck
und der Hygiene.

Human bleibt nur Literatur der Unmenschlichkeiten.

Die Welt tötet durch Vitalität, Kunst macht lebendig
durch (Starren auf) Erstarrtes.

Die Mache der Kunst macht nur das Unmachbare
unnachahmlich nach.

Kunst schafft Spielraum, Kitsch füllt ihn nur aus.

Kunstpreise zu erhalten, ist keine Kunst mehr.

Talent? Kunst wird immer anlagefreundlicher.

Kunst ersetzt Erfolg durch Qualität,
Poesie den Film durch Phantasie.

Hilft keine Werbung, ist es Kunst. Und Stümper
sind zu allem zu gebrauchen, Künstler zu nichts.

Aphorismen(bände) sollten noch kürzer sein
als Kunst und Leben.

Kunst : Mutter und Tochter der Langeweile.

Kunst-Anzeige : Konfliktstoff sucht Konsensform.

Mein Grabstein soll kein Edelstein
und Meilenstein der Lebenskunst sein.

Sicher scheint nur, dass Kunst alle verunsichern will
außer Geldanleger.

Ich sehe was, was du nicht siehst, und das ist Kunst.

Kunst hat nur aus der Luft gegriffen,
was in der Luft lag.

Kunden wollen Kitsch. Künstler liefern Kunst.
Betrug!

Große Kunst und Wissenschaft sind das,
was die meisten nicht mal geschenkt nehmen.

Abstrakte Kunst ist auch linientreu.

Kunst betrügt Kunden durch Qualität.

Kunst ist jener Luxus, den jeder unbedingt bräuchte,
und Mordsspaß jenes Lebensnotwendige,
das keiner brauchen sollte.

Wenn alles wenigstens nur Scheiße wäre!
Scheiß auf Kunstdünger!

Kunst bringt ins Chaos mehr Chaos als Orden
und mehr Komik als Kosmetik in den Kosmos.

Kunst : Form als Hülle des Stoffs.
Mode : Stoff als Hülle der Form.

Auch die Heiterkeit der Kunst
will nicht zu ernst genommen sein.

Kunst geht zu weit, soweit,
wie die Justiz von morgen erlaubt.

Religion ist die Kunst, des Schöpfers
kostenlose Kunststücke zu bejubeln,
ohne die teuren eigenen zu verdammen.

Kunst will keine Lebenssicherheit
vor der todsicheren Endgültigkeit.
Kunst will bis ans Ende, aber endgültig.

Entweder haben Künstler Recht
oder geben uns Recht.

Der Künstler tönt von Tun und Geist
und giert nach Ruhm und Gold.

Der Film ist die Kunst unserer Zeit : Nur er kann
Atomexplosionen auch rückwärts ablaufen lassen.

Künstlerische Freiheit ist die Fähigkeit,
Musendiktate zu verhunzen.

Künstlerische Versinnbildlichung des Ideals
ist kein praktischer Kompromiss mit der Realität.

Hilft keine Werbung, ist es Kunst. Stümper
sind zu allem zu gebrauchen, Künstler zu nichts.

Interpreten und Regisseure dünken sich Künstler.

Künstler nehmen sich viel Zeit,
die ihrer Kunden totzuschlagen.

In Künsten sucht die Unterschicht Lustspiele
und die Oberschicht Tragödien.

Unbewusstes verständigt sich hinter dem Rücken
von Künstlern und Kunden miteinander.

Die Arbeitsfreude der Künstler
übertrifft eure Urlaubsfreuden.

Wer sich zwischen Kindern, Küche, Karriere
und Caritas nicht entscheiden kann, wird Künstler.

Die Künstliche Intelligenz der Roboter braucht
erstaunlich lange, uns die natürliche Dummheit
endlich abzunehmen.

Zu viel Literatur wird von ihren Gegnern geschrieben.

In Literatur finde ich nie meine eigene Geschichte
wieder. Da kann ich gleich Ethnologie treiben.

Human bleibt nur Literatur der Unmenschlichkeiten.

Weder Larochefoucauld noch Lichtenberg würden
heutzutage den Literaturnobelpreis bekommen.

Literatur hilft so wenig gegen Physik und Biologie
wie Astronomie gegen Astrologie. Und umgekehrt.

Zur Weltliteratur fehlen mir die Ohnmachtworte.
Engagierte Literatur ist Pegasus vorm Mistwagen.

Wer Literaturgeschichte *schreibt,*
der bleibt ungelesen

Mordkarge Komfortzone. Mancher liebt Literatur,
um sich nur bestätigen zu lassen, dass er recht tat,
sich aufs Leben nie recht einzulassen.

Literatur ist der Versuch, den Mund des Lesers
so lange wie möglich zu halten.

Keine Zeit hat die Jugend, sich kürzer zu fassen,
und das Alter, noch Romane zu schreiben.

Aus den vielen Worten, die der Aphorismus verliert,
werden ganze Romane gemacht.

Sollte der Romanheld dümmer sein als der Autor
und klüger als der Leser?

Aphoristiker halten sich nicht auf
bei ganzen Romanen.

Deutsche lesen und schreiben lieber Romane
als Kurzgeschichten. Sie können sich kurzfassen
nur im Kommando.

Spiel dein Theater, die Rollen schreiben andere.

Geht das rote Theater nun mit Arbeitgeber Puntila
gegen Kreditgeber Shylock oder gegen beide?

Demaskierungen sind meist nur Theater.

Romantik, poetische Einbildungskraft plus philosophische Urteilskraft, will bestimmen, warum
etwas unbestimmbar ist, und gibt Rechenschaft,
warum es kein Rechner schafft.

In Theatern, Film und Fernsehen spielen Schmieren-
darsteller nun echte Schauspieler.

Das 20. Jahrhundert hat mehr Grauen als Kultur
hervorgebracht : Religion, Musik, Malerei, Skulptur,
Architektur, Literatur, Philosophie waren zweitklas-
sige und bestenfalls gutgemeinte Aufgeregtheiten
ohne Zukunft.

Schlösser : Monarchitekturen.

Das gute Gedächtnis ist der Innenarchitekt
besserer Lügengebäude.

Architektur, die Ruinen ruiniert, wirkt modern.

Ein guter Wille zu guten Werken ist das Beste
in der Ethik, nicht in der Ästhetik.

Ein Poet schreibt Werke engagiert,
aber keine engagierten Werke.

Ein Theater ist auch ein Schauspiel : eine Komödie,
wenn man flennt, eine Tragödie, wenn es brennt.

Poesie bremst Kommunikationen und braucht
Spinnerei, ohne die man zum brauchbaren
Spinner wird.

Die moderne Kultur ist Sklavin des strengen
Tabus, kein gebrochenes Tabu je zu rehabilitieren
(z. B. Schäferpoesie).

In Worte fassen Denker, in Worte verwandeln
Dichter die Welt. Prosa verwandelt eine Sache
in Sprache, Poesie Sprache in eine Sache.

Aphorismen überkompensieren keine Minder-
wertigkeitskomplexe vor philosophischen
Systemen und dickleibigen Romanen.

Romanautoren sind die einzigen Eltern,
die ihren Geschöpfen nicht ähneln wollen.

Romantiker zeigten, dass Sartres *Engagement*
wie Fichtes *Tathandlung* eher Imagination
als Aktion war.

Trivialromane wirken entspannend spannend,
große Romane überspannt.

Jedes Mathematikbuch hat vor einem Roman
wenigstens voraus, dass es nicht genügt,
sich dabei zu langweilen, um es guten Gewissens
weglegen zu dürfen.

Ein Lehrbuch der formalen Logik und eine Antho-
logie romantischer Lyrik durchzuarbeiten, wäre
wichtiger als fast alles, was Bürger heute so tun.

Im Roman und Theater sind Gelehrte
nur irre Verbrecher oder weltfremde Pedanten,
nie helle Vorbilder.

Kunst kommt von gekonnter Impotenz, Musik von
zugedröhnter Taubheit, Literatur von beredtem
Schweigen, Malerei von blinder Sehenswürdig-
keit und Philosophie von schlauer Unwissenheit.

Was soll ein guter Künstler anfangen mit Quanten-
theorie oder Phänomenologie und ein stiller Ge-
lehrter mit einer Weltliteratur voller Kriegsgeschrei
und Liebeshändeln?

Literaturwissenschaftler wollen im Ernst Werke
durchschauen, die die Welt gar nicht durchschauen,
sondern mit ihnen spielen wollen.

Aphoristiker sind Kommandanten der Literatur,
sie schleifen Sentenzen statt Menschen.

Wissenschaft spricht objektiv über Objekte,
Philosophie subjektiv und objektiv über Subjekte,
Literatur subjektiv über Subjekte und Objekte.

Wer ernst macht, braucht Mut und Gewissen;
wer spielen will, hat Kunst und Wissenschaft.

Ein originelles Bewusstsein ist falsch,
eine originelle Moral ist böse und ein nicht
originelles Kunstwerk mittelmäßig.

Was weder eindeutig noch zweideutig oder
bedeutend undeutlich oder gar nur deutsch ist,
muss noch nicht als Kunst gedeutet werden.

Das goldene Zeitalter hatte nicht den goldenen
Boden des Handwerks, die goldene Nase des
Kunstwerks und das Schweigen des Mundwerks.

In der Kunst gewinnt das Leben mehr Gewicht
und verliert seine Schwere.

Wieviel Kraft lässt die Lebenskunst,
sich beherrschen zu lassen, für Kultur?

Mit Objekten gegenständlicher Kunst konnte man
etwas anfangen. Abstrakte Kunst will Handeln
unnötig, ja, unmöglich machen.

Logik ordnet nicht, was Leben verwirrt,
sondern Kunst bringt kunstvoll durcheinander,
was Mathematik geklärt hat.

Gute Kunst täuscht wie die Lüge,
schlechte enttäuscht wie die Realität.

Technik machte Luxusgüter zu Massenartikeln,
aber moderne Kunst war von Anfang an Massenware,
die Eliten zu ihrem Luxusgut machten.

Kunst ist nicht Heideggers „Ins-Werk-Setzen der
Wahrheit", sondern der unbewussten Unwissenheit, seit unser Urwissen verloren ging.

Auch moderne Kunst kommt von Können:
Sie ist fähig, nicht nur frühere Fähigkeiten
nicht mehr zu vermissen.

Wer Pop-Art nicht mag, mag moderne E-Kunst
bis heute nicht : Moderne Kunst galt als elitär,
bis neue Massenmedien sie als Pop-Art entlarvten.

Es ist kein Kunststück, Bruchstücke
seines Schmerzes zum Schmuckstück zu machen.

Kunst? Gaukler und Gauner gehen einer geregelten
Arbeitslosigkeit nach.

Die Besteller machen die Bestseller. Moderne Kunst
wäre nie Massenware geworden, wäre sie radikal
gewesen wie Elfenbeinturmbau.

Kunst gestaltet, dass und warum etwas ungestaltbar
ist, und macht das zum Gehalt.

Pop oder Volk? U-Kunst nimmt sich ernst,
E-Kunst unterhält.

Wer stark genug ist, Mitmenschen zu überwältigen,
ist oft zu schwach, um sich von Gefühlen
und Kunstwerken überwältigen zu lassen.

Geld fließt weniger für Lebensnot als für Kunst, die über sie erhebt.

Im Wesentlichen lässt Kunst die wesentlichen, Wissenschaft die unwesentlichen Züge weg.

Große Kunst muss frei sein, von großem Vormund und großer Nachfrage.

Ich bin ebenso enttäuscht, wenn ein Naturobjekt sich als Kunstprodukt erweist wie ein Kunstwerk als Fälschung.

Ein guter Künstler muss sich eine Welt wünschen, in der seine Kunst sinnlos würde.

Bleibt Kunst unbeachtet, wenn sie zu schlecht ist oder nicht schlecht genug?

Kultur war der Weg von Hysterie, Zwangsneurose und homoerotischer Paranoia zu Kunst, Religion und philosophischem System – und zurück.

Kunst erschafft, was sich durch Begriffe
nicht vernichten lässt; Philosophen erkennen,
was sich durch Künstler nicht erzeugen lässt.

Arbeit in Kraftwerken heißt,
Arbeit an Kunstwerken geistig zu behindern.

Kant : „Es ist überall nichts in der Welt" der Kunst
„zu denken möglich, was ohne Einschränkung
für mittelmäßig könnte gehalten werden,
als allein der gute Wille" des Künstlers.

Die Politik musste La Rochefoucauld und Chamfort
besiegen, um von deren Kunst besiegt zu werden.

Kunst tut so, als würde der Autor seinen Leib
verkaufen und die Hure ihren Geist.

Psychologie entstand, als die Seele sterblich
wurde, Philosophie blühte auf, als das Wissen die
Weisheit verdrängte, und Kunst kam von Können, als man nichts mehr von der Welt verstand.

Kunst ist brauchbar, wo sie die Nutzlosigkeit
nützlicher Dinge ausnutzt.

Keine Kunst ist heute so beliebt wie Musik.
Blinde übertreiben eben ihr Gehör.

Moderne Kunst macht ihre Musen zu Zicken,
Schlampen oder Lesben.

Wer Wahrheit will, fügt sich der Realität. Wer
gut sein will, fügt sich den Normen von Recht
und Moral. Wer in den Himmel will, fügt sich
der Bibel. Wer Kunstwerke genießen will, gehorcht Geschmackskriterien. Wann bin ich frei?

Schöpferische "Kunst kommt vom Können"
der Schöpfung in uns.

Kunst ermöglicht die Tollkühnheit von Feiglingen,
Science duldet den Kleinmut von Geisteshelden.

Künstler wollen lieber verrissen werden,
als Kollegen gerühmt zu hören.

Evolution. Die Einfälle der Künstler und Techniker
verbessern in wenigen Jahren, wozu die Zufälle
der Natur oft Jahrmillionen brauchen.

Lyriker sind Künstler, die Katastrophen zu Strophen
verkleinern können.

Der Künstler fertigt von vielen Kopien
ein Original an.

Künstler durchbrechen die Sehgewohnheiten
wie Demente.

Der Künstler muss leider ausleben,
was seine Werke nicht ausdrücken.

Der Künstler zeigt seinen Kunden nicht mehr
die Welt, sondern nur, dass sie keine Künstler sind.

Ein Künstler, der Ruhm sucht,
will anerkannt sein als Verkannter.

Künstler und Gelehrte gehören zu den raren,
deren Leben kein einziger Selbstmord ist.

Künstler leben immer noch
von den Übertretungen der Zehn Gebote.

Eine Befestigungsmauer, auf die Künstler Bilder
und Verse malen, fällt bald um.

Künstler handeln, indem sie Gedanken
und Gefühle nicht in Untaten verwirklichen,
die zu Werken anregen, sondern in Werken
verkörpern, die zu Tatenlosigkeit animieren.

Der originelle Künstler verändert durch
seine Existenz die Definition des Menschen.

Ein Künstler hat es geschafft,
sobald er zur Preisjury zählt.

Wer kann Charakterstärke verlangen von
Künstlern, deren Stärke darin besteht, sich
in fremde Charaktere verwandeln zu können?

Künstlerische Technik nutzt dazu, die Schäden,
die industrielle Technik am Leben hinterlässt, nicht
auszugleichen, sondern unerträglich zu machen.

Künstlerischer Ausdruck lässt sich von vielsagenden
Eindrücken gekonnt beherrschen.

Sekundärliteratur zum Aphorismus

Gerhard Neumann (Hg.): „Der Aphorismus.
Zur Geschichte, zu den Formen und Möglichkeiten
einer literarischen Gattung", Darmstadt 1976

„Ideenparadiese. Untersuchungen zur Aphoristik
von Lichtenberg, Novalis, Friedrich Schlegel und
Goethe", München 1976

Peter Krupka: „Der polnische Aphorismus",
München 1976

Hans Peter Balmer; „Philosophie der menschlichen
Dinge. Die europäische Moralistik", Bern 1981

Harald Fricke: „Aphorismus", Stuttgart 1984

Gisela Febel: „Aphoristik in Deutschland und
Frankreich", Frankfurt/Main 1985

Klaus von Welser: "Die Sprache des Aphorismus",
Frankfurt/M. 1986

Heinz Krüger: „Über den Aphorismus
als philosophische Form", Frankfurt/M. 1988

Werner Helmich: „Der moderne französische
Aphorismus", Tübingen 1991

Stefan Fedler: „Der Aphorismus. Begriffsspiel zwischen Philosophie und Poesie", Stuttgart 1992

Paul Geyer / Roland Hagenbüchle: „Das Paradox", Tübingen 1992, Würzburg 2002²

Thomas Stölzel: „Rohe und polierte Gedanken. Studien zur Wirkungsweise aphoristischer Texte", Freiburg 1998

Lada Lubimova: „Struktur und Funktion des Aphorismus : eine textlinguistische Studie", Bremen 1998

Robert Zimmer: „Die europäischen Moralisten", Hamburg 1999

Michael Esders: „Begriffs-Gesten. Philosophie als Kurze Prosa von Friedrich Schlegel bis Adorno", Frankfurt/Main 2000

Rüdiger Zymner: „Aphorismus", In: Kleine literarische Formen in Einzeldarstellungen, Stuttgart 2002

Friedemann Spicker: „Kurze Geschichte des deutschen Aphorismus", Tübingen 2007

„Die Welt ist voller Sprüche. Große Aphoristiker im Porträt", Bochum 2010

Andreas Egert: „Der Fall Aphorismus. Zur Genese und Aktualität einer Gattung", Dresden 2015